Impressum
Verlag: BABADADA GmbH, Nedderfeld 112 , 22529 Hamburg
Geschäftsführer / Verlagsleitung: Harald Hof
Druck: Books on Demand GmbH, In de Tarpen 42, 22848 Norderstedt

Imprint
Publisher: BABADADA GmbH, Nedderfeld 112 , 22529 Hamburg, Germany
Managing Director / Publishing direction: Harald Hof
Print: Books on Demand GmbH, In de Tarpen 42, 22848 Norderstedt

AF189406

koulu
المدرسة

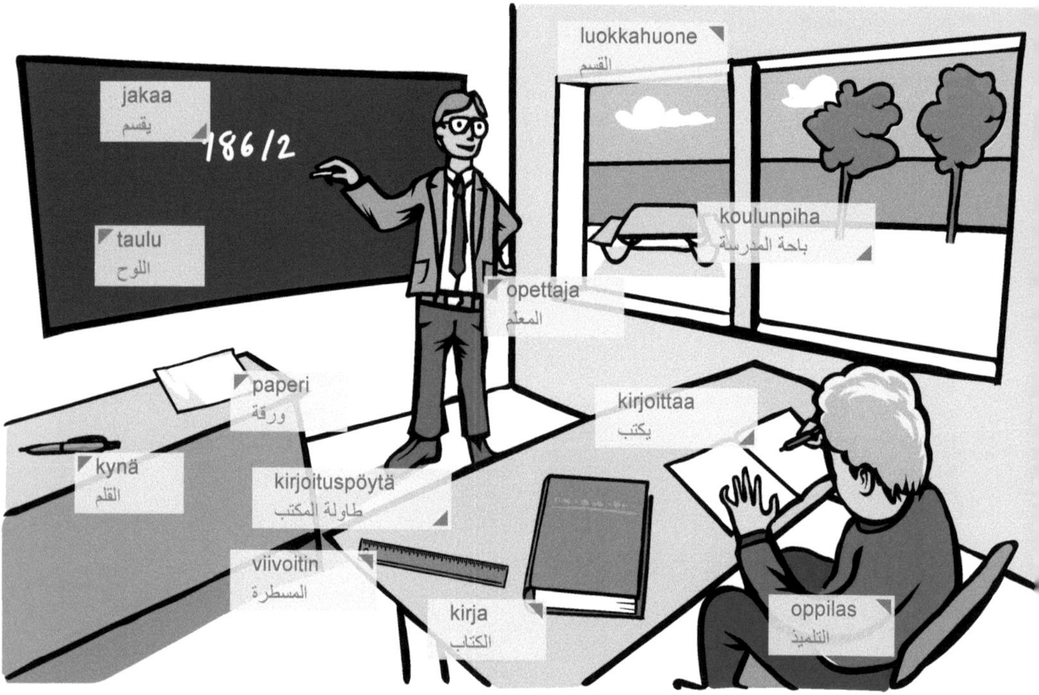
luokkahuone
القسم
jakaa
يقسم
186/2
taulu
اللوح
koulunpiha
باحة المدرسة
opettaja
المعلم
paperi
ورقة
kirjoittaa
يكتب
kynä
القلم
kirjoituspöytä
طاولة المكتب
viivoitin
المسطرة
kirja
الكتاب
oppilas
التلميذ

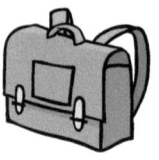

reppu

الحقيبة المدرسية

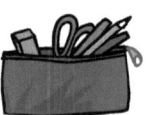

penaali

المقلمة

lyijykynä

قلم الرصاص

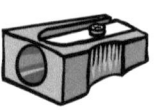

kynänteroitin

البرّاية

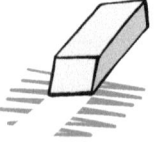

pyyhekumi

المِمحاة

piirustuslehtiö

دفتر الرسم

piirustus

الرسمة

pensseli

الفرشاة

vesivärit

علبة التلوين

sakset

المقص

liima

المادة اللاصقة

harjoituskirja

دفتر التمارين

kotitehtävä

الواجب المدرسي

luku

الرقم

lisätä

يجمع

vähentää

يطرح

kertoa

يضرب

laskea

يحسب

kirjain

الحرف

aakkoset

الأبجدية

sana

كلمة

teksti

النص

lukea

يقرأ

liitu

الطبشور

oppitunti

الحصة

opettajan muistikirja

دفتر الدوام المدرسي

koe

الامتحان

todistus

شهادة

koulupuku

اللباس المدرسي

koulutus

التعليم

sanakirja

الموسوعة

yliopisto

الجامعة

mikroskooppi

المجهر

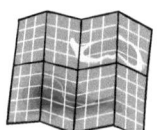

kartta

الخريطة

roskakori

قماما

matka
سفر

hotelli
فندق
Grand
retkeilymaja
بيت الشباب
ROOMS
EXCHANGE
rahanvaihto
مكتب صرافة
matkalaukku
حقيبة
auto
سيارة

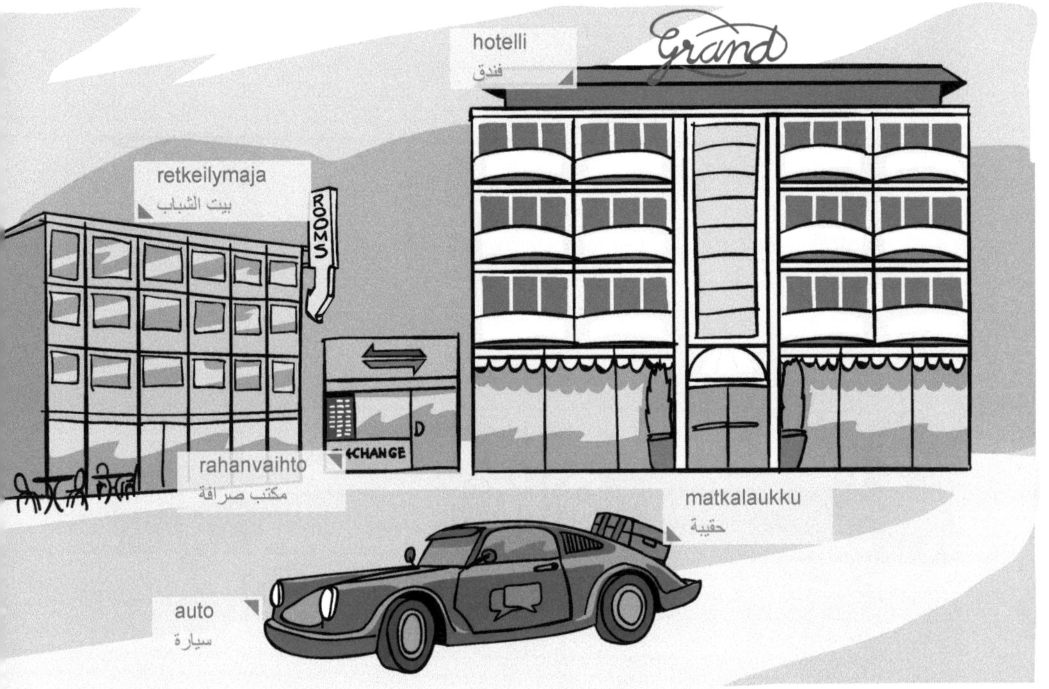

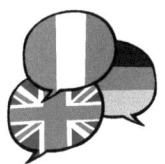

kieli

اللغة

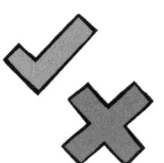

kyllä / ei

نعم / لا

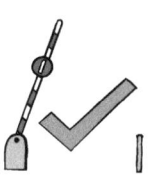

selvä

حسناً

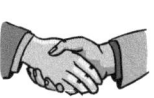

hei

مرحباً

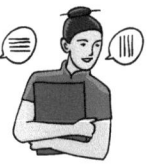

tulkki

مترجم

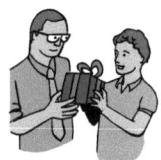

kiitos

شكراً

Paljonko...maksaa?

كم ثمن ... ؟

en ymmärrä

لا أفهم

ongelma

مشكلة

Hyvää iltaa!

مساء الخير

Hyvää huomenta!

صباح الخير!

Hyvää yötä!

ليلة سعيدة

näkemiin

إلى اللقاء

suunta

اتجاه

matkatavarat

أمتعة السفر

laukku

حقيبة

reppu

حقيبة ظهر

vieras

ضيف

huone

غرفة

makuupussi

كيس للنوم

teltta

خيمة

turisti-info

استعلامات سياحية

ranta

شاطئ

luottokortti

بطاقة ائتمان

aamupala

إفطار

lounas

طعام الغداء

päivällinen

العشاء

matkalippu

بطاقة سفر

hissi

مصعد

postimerkki

طابع بريدي

raja

حدود

tulli

الجمارك

suurlähetystö

سفارة

viisumi

تأشيرة

passi

جواز سفر

kuljetus
نقل

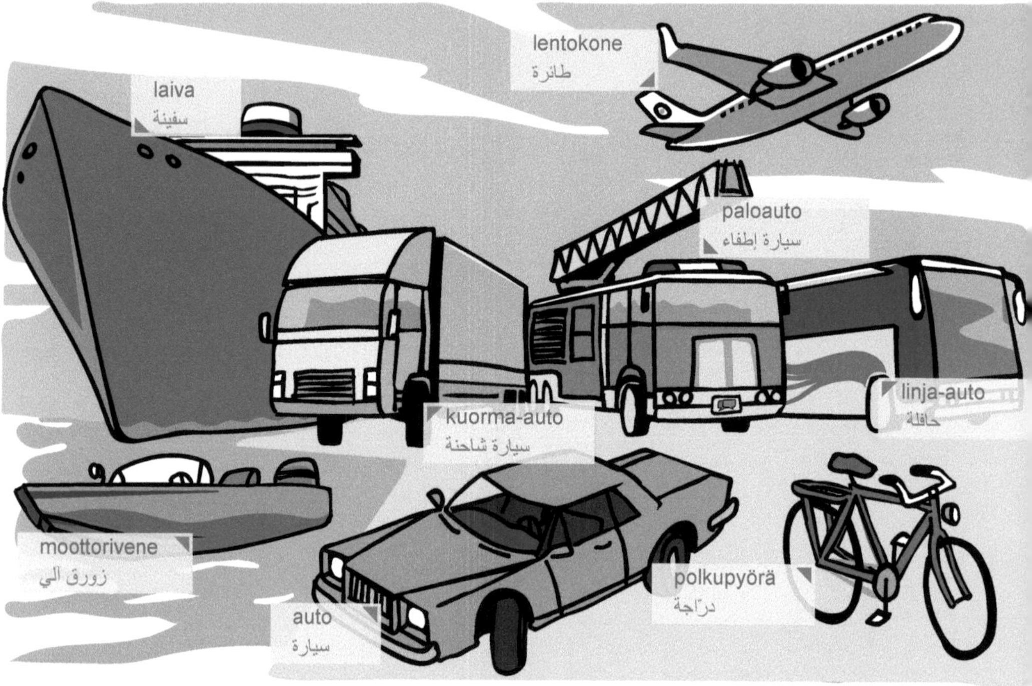
lentokone
طائرة
laiva
سفينة
paloauto
سيارة إطفاء
linja-auto
حافلة
kuorma-auto
سيارة شاحنة
moottorivene
زورق آلي
polkupyörä
درّاجة
auto
سيارة

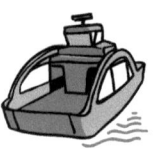

lautta

عبارة

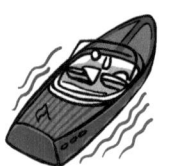

vene

قارب

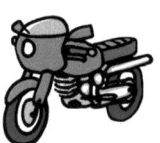

moottoripyörä

دراجة نارية

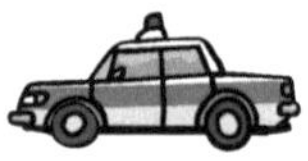

poliisiauto

سيارة شرطة

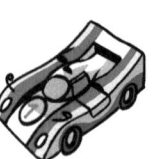

kilpa-auto

سيارة سباق

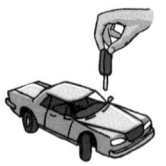

vuokra-auto

سيارة مستأجرة

car sharing

أسلوب تشاركي في استئجار السيارات

hinausauto

سيارة للجر

roska-auto

سيارة نقل القمامة

moottori

محرك

polttoaine

وقود

huoltoasema

محطة وقود

liikennemerkki

إشارة مرور

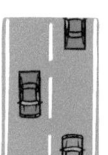

liikenne

حركة السير

ruuhka

ازدحام سير

parkkipaikka

موقف سيارات

rautatieasema

محطة قطار

raiteet

سكك حديدية

juna

قطار

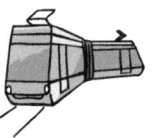

raitiovaunu

ترام

vaunu

عربة قطار

helikopteri

طائرة مروحية

lentokenttä

مطار

lähilennonjohto

برج

matkustaja

مسافر

kontti

حاوية

pahvilaatikko

علبة كرتون

kärryt

عربة يد

kori

سلة

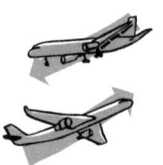

nousta / laskea

يقلع / يهبط

kaupunki

مدينة

kylä

قرية

keskusta

مركز المدينة

talo

بيت

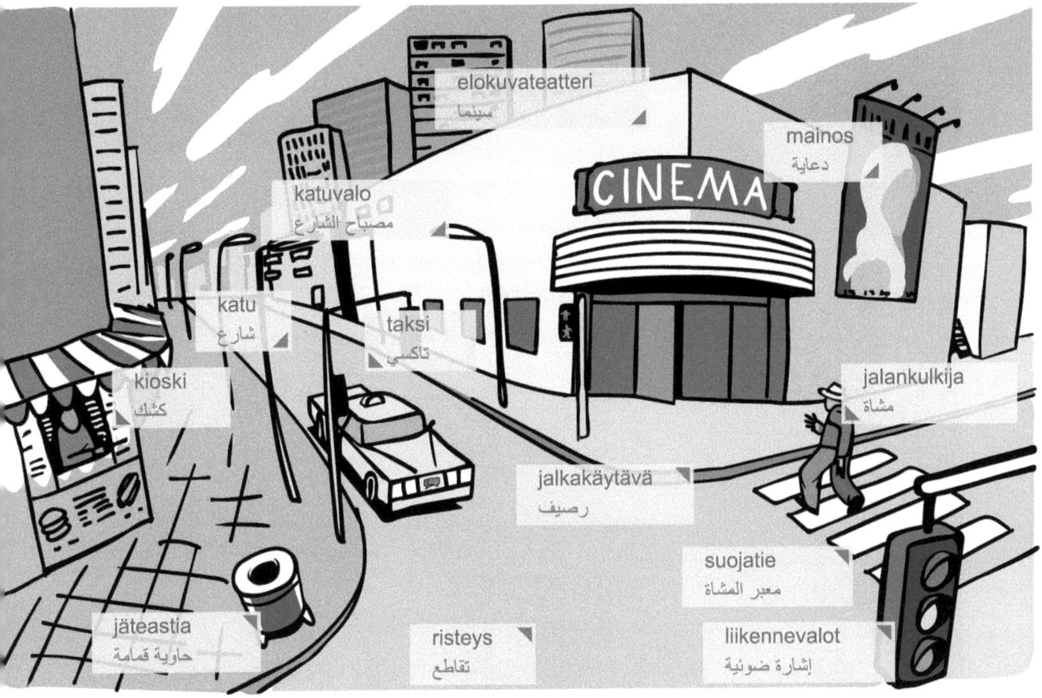
elokuvateatteri
سينما
mainos
دعاية
CINEMA
katuvalo
مصباح الشارع
katu
شارع
taksi
تاكسي
kioski
كشك
jalankulkija
مشاة
jalkakäytävä
رصيف
suojatie
معبر المشاة
jäteastia
حاوية قمامة
risteys
تقاطع
liikennevalot
إشارة ضوئية

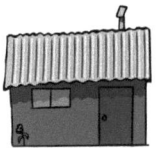

mökki

كوخ

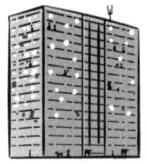

kerrostalo

شقة

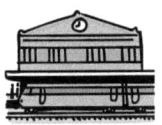

rautatieasema

محطة قطار

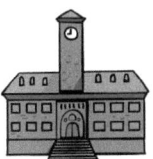

kaupungintalo

دار البلدية

MUSEUM

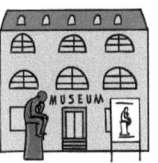

museo

متحف

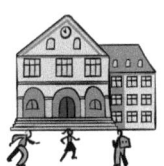

koulu

المدرسة

yliopisto

الجامعة

pankki

مصرف

sairaala

المستشفى

hotelli

فندق

apteekki

صيدلية

toimisto

مكتب

kirjakauppa

مكتبة

liike

متجر

kukkakauppa

محل لبيع الزهور

supermarketti

سوبرماركت

tori

سوق

tavaratalo

متجر كبير

kalakauppias

تاجر السمك

ostoskeskus

مركز تسوّق

satama

ميناء

puisto

حديقة عامة

penkki

مقعد

silta

جسر

portaat

درج، سلم

metro

مترو

tunneli

نفق

linja-autopysäkki

موقف حافلات

baari

بار

ravintola

مطعم

postilaatikko

صندوق البريد

katukyltti

لافتة باسم الشارع

parkkimittari

مقياس زمن الوقوف

eläintarha

حديقة حيوانات

uimala

مسبح

moskeija

مسجد

maatila

مزرعة

ympäristön saastuminen

تلوث البيئة

hautausmaa

مقبرة

kirkko

كنيسة

leikkikenttä

ملعب الأطفال

temppeli

معبد

maisema

طبيعة ريفية

lehti
ورقة

tienviitta
علامة إرشاد

tie
طريق

niitty
مرج

kivi
حجر

puu
شجرة

retkeilijä
رحالة

joki
نهر

ruoho
عشب

kukka
زهرة

laakso

وادٍ

vuori

جبل

järvi

بحيرة

metsä

غابة

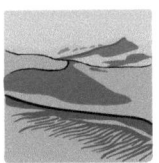

aavikko

صحراء

tulivuori

بركان.

linna

قلعة

sateenkaari

قوس قزح

sieni

فطر

palmu

نخلة

hyttynen

بعوض

kärpänen

ذبابة

muurahainen

نملة

mehiläinen

نحلة

hämähäkki

عنكبوت

kovakuoriainen

خنفساء

sammakko

ضفدعة

orava

سنجاب

siili

قنفذ

jänis

أرنب

pöllö

بومة

lintu

عصفور

joutsen

بجعة

villisika

خنزير برّي

peura

غزال

hirvi

إلكة

pato

سد

tuulimylly

دولاب الطاحونة الهوائية

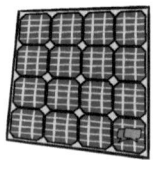

aurinkopaneeli

خلية شمسية

ilmasto

مناخ

ravintola
مطعم

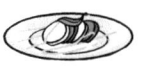

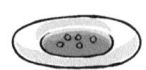

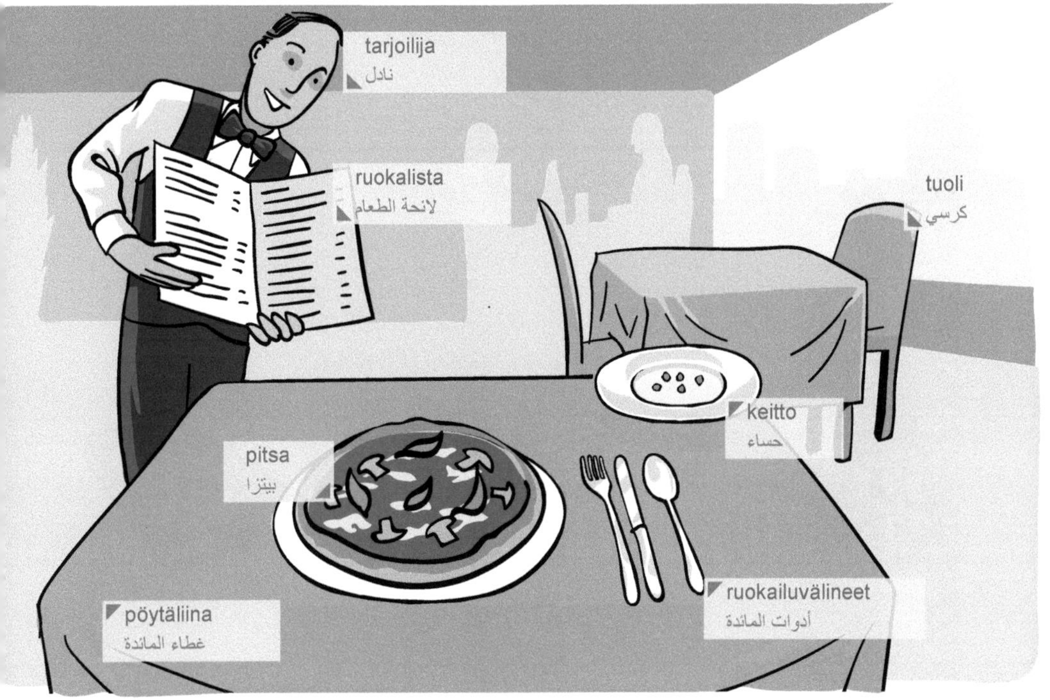
tarjoilija
نادل
ruokalista
لائحة الطعام
tuoli
كرسي
keitto
حساء
pitsa
بيتزا
ruokailuvälineet
أدوات المائدة
pöytäliina
غطاء المائدة

alkuruoka
مقبلات

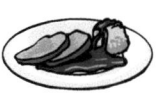

pääruoka
الصحن الرئيسي

jälkiruoka
حلوى أو فاكهة بعد الطعام

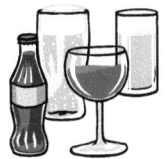

juomat
مشروبات

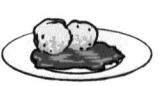

ruoka
طعام

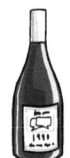

pullo
زجاجة

pikaruoka

وجبات سريعة

katuruoka

طعام الشارع

teekannu

إبريق الشاي

sokeriastia

علبة السكر

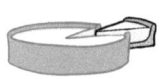

annos

حصّة

espressokeitin

آلة الإسبريسو

syöttötuoli

كرسي عالٍ

lasku

فاتورة

tarjotin

صينية

veitsi

سكين

haarukka

شوكة

lusikka

ملعقة

teelusikka

ملعقة الشاي

servietti

منديل المائدة

lasi

كأس

ravintola - مطعم

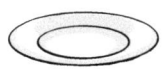

lautanen

صحن

syvä lautanen

صحن الحساء

aluslautanen

صحن الفنجان

kastike

صلصة

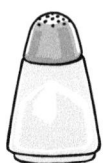

suolasirotin

مملحة

pippurimylly

مطحنة الفلفل

etikka

خلّ

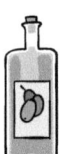

öljy

زيت الطعام

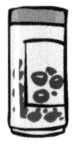

mausteet

توابل

ketsuppi

كتشاب

sinappi

خردل

majoneesi

مايونيز

supermarketti

سوبرماركت

tarjous
عرض خاص
FOR
asiakas
زبون
maitotuotteet
مشتقات الحليب
hedelmät
فواكه
ostoskärryt
عربة تسوّق

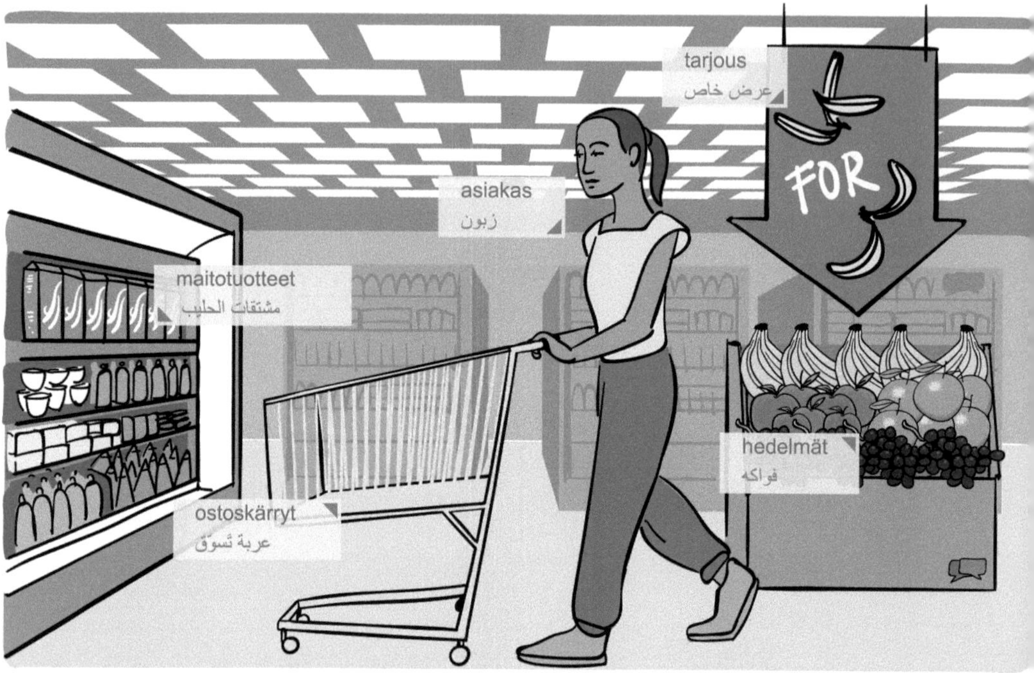

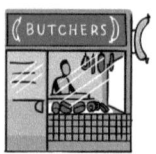

BUTCHERS

teurastamo

جزّار

BAKERY

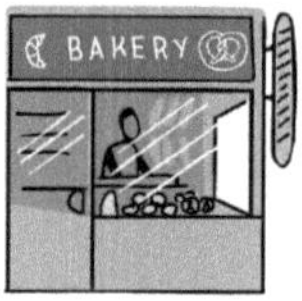

leipomo

مخبز

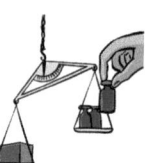

punnita

يزن

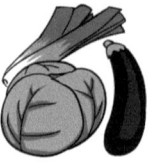

kasvikset

خضار

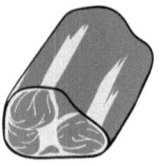

liha

لحم

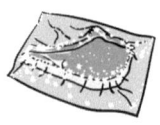

pakasteet

المأكولات المجمّدة

leikkele

مرتدلا أو جين

säilykkeet

معلبات

pesujauhe

مسحوق الغسيل

makeiset

حلويات

kotitaloustarvikkeet

المواد المنزلية

puhdistusaineet

منظفات

myyjä

بائعة

kassa

صندوق الحساب

kassanhoitaja

أمين صندوق

ostoslista

قائمة المشتريات

aukioloajat

أوقات العمل

lompakko

محفظة النقود

luottokortti

بطاقة ائتمان

kassi

حقيبة

muovipussi

كيس بلاستيكي

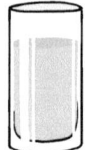

vesi

ماء

mehu

عصير

maito

حليب

kokis

كولا

viini

نبيذ

olut

بيرة

alkoholi

كحول

kaakao

كاكاو

tee

شاي

kahvi

قهوة

espresso

قهوة إسبريسو

cappuccino

كابوتشينو

banaani

موزة

omena

تفاح

appelsiini

برتقال

meloni

بطيخ

sitruuna

ليمون

porkkana

جزرة

valkosipuli

ثوم

bambu

خيزران

sipuli

بصل

sieni

فطر

pähkinät

لوزيات

spagetti

شعيرية

spagetti

سباغيتي

riisi

أرزّ

salaatti

سلطة

ranskalaiset

بطاطا مقلية

paistetut perunat

بطاطا مقلية

pitsa

بيتزا

hampurilainen

هامبورغر

voileipä

ساندويش

leike

شريحة لحم مقلية

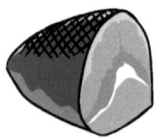

kinkku

لحم خنزير

salami

سلامي

makkara

سجق

kana

دجاج

paisti

لحم محمر

kala

سمك

kaurahiutaleet

دقيق الشوفان

mysli

موسلي

murot

كورن فلكس

jauho

طحين

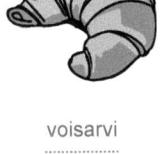

voisarvi

كرواسان

sämpylä

خبز صغير

leipä

خبز

paahtoleipä

خبز محمص

keksit

بسكويت

voi

زبدة

rahka

لبن زبادي

kakku

كعكة

kananmuna

بيضة

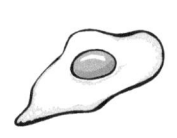

paistettu kananmuna

بيض مقلي

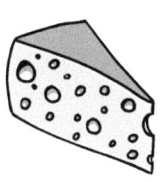

juusto

جبنة

jäätelö

مثلجات

sokeri

سكر

hunaja

عسل

hillo

مربى الفاكهة

suklaapähkinälevite

كريم النوغا

curry

الكاري

maatila
مزرعة

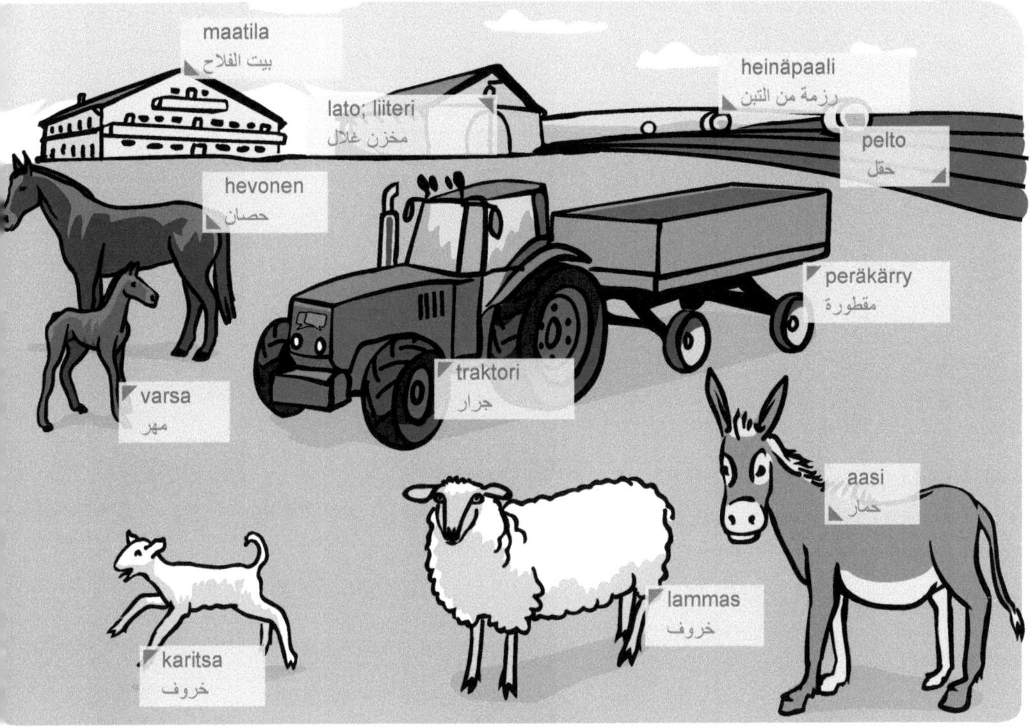
maatila
بيت الفلاح
lato; liiteri
مخزن غلال
heinäpaali
رزمة من التبن
pelto
حقل
hevonen
حصان
peräkärry
مقطورة
traktori
جرار
varsa
مهر
aasi
حمار
lammas
خروف
karitsa
خروف

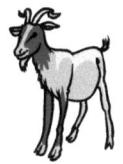

vuohi

ماعز

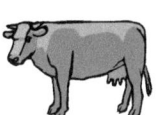

lehmä

بقرة

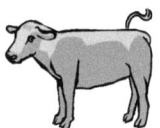

vasikka

عجل

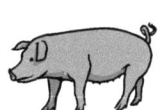

sika

خنزير

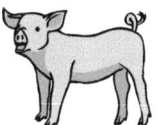

porsas

خنزير صغير

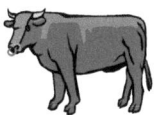

sonni

ثور

hanhi

إوزّة

ankka

بطة

tipu

صوص

kana

دجاجة

kukko

ديك

rotta

جرذ

kissa

قطّة

hiiri

فأر

härkä

ثور

koira

كلب

koirankoppi

كوخ الكلب

puutarhaletku

خرطوم الحديقة

kastelukannu

إبريق

viikate

منجل

aura

المحراث

sirppi

منجل

kuokka

معزقة

talikko

مذراة الزبل

kirves

بلطة

kottikärryt

عربة يد

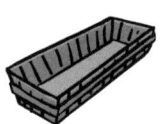

kaukalo

معلف

maitokannu

صفيحة الحليب

säkki

كيس

aita

سياج

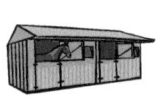

talli

اصطبل

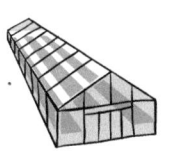

kasvihuone

دفيئة

maa

تربة

siemen

بذور

lannoite

سماد

leikkuupuimuri

حصّادة درّاسة

kerätä sato

يحصد

sato

محصول

jamssit

بطاطا يامس

vehnä

قمح

soija

صويا

peruna

بطاطا

maissi

ذرة

rypsi

سلجم

hedelmäpuu

شجرة فاكهة

maniokki

نبات منيهوت

vilja

الحبوب

talo

بيت

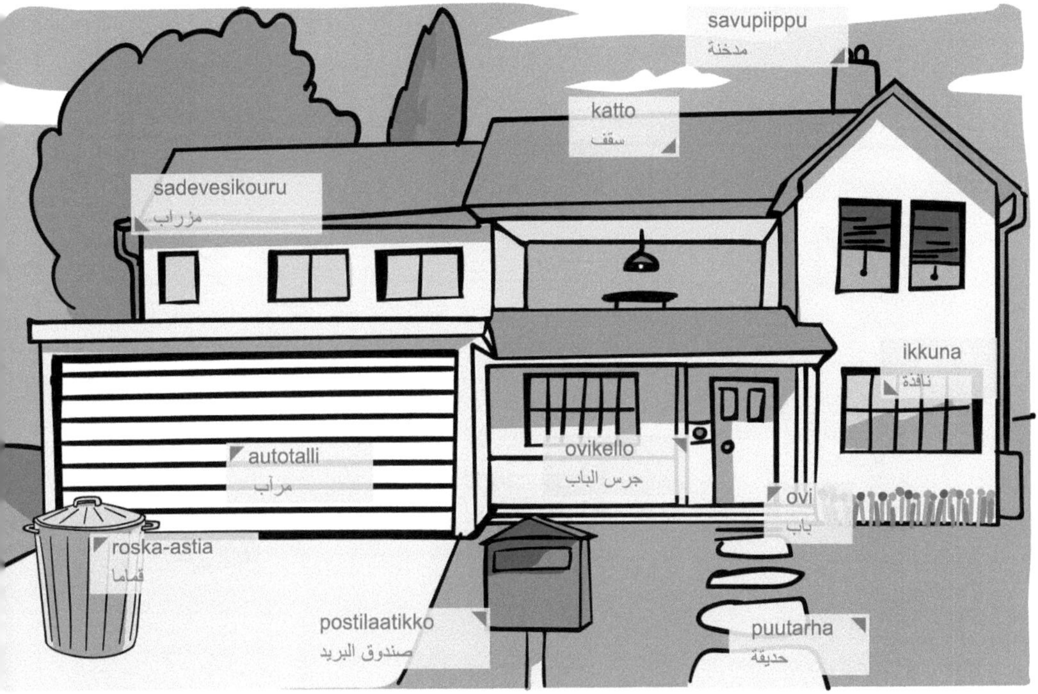
savupiippu
مدخنة
katto
سقف
sadevesikouru
مزراب
ikkuna
نافذة
autotalli
مرآب
ovikello
جرس الباب
ovi
باب
roska-astia
قماما
postilaatikko
صندوق البريد
puutarha
حديقة

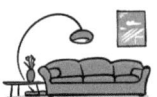

olohuone

غرفة جلوس

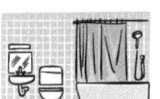

kylpyhuone

الحمّام

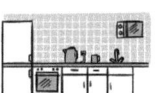

keittiö

مطبخ

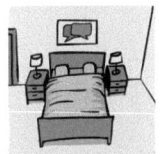

makuuhuone

غرفة النوم

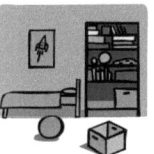

lastenhuone

غرفة الأطفال

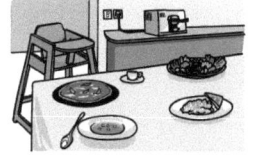

ruokahuone

غرفة الطعام

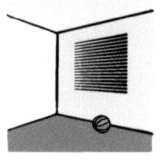

lattia

أرضية

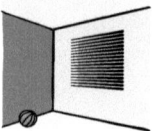

seinä

حائط

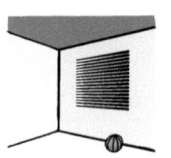

katto

سقف

kellari

قبو

sauna

ساونا

parveke

بلكون

terassi

شرفة

uima-allas

مسبح

ruohonleikkuri

جزّازة العشب

lakana

بياضات السرير

päiväpeitto

بطانية

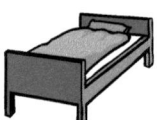

sänky

سرير

harja

مكنسة

ämpäri

سطل

katkaisin

مفتاح كهربائي

olohuone
غرفة جلوس

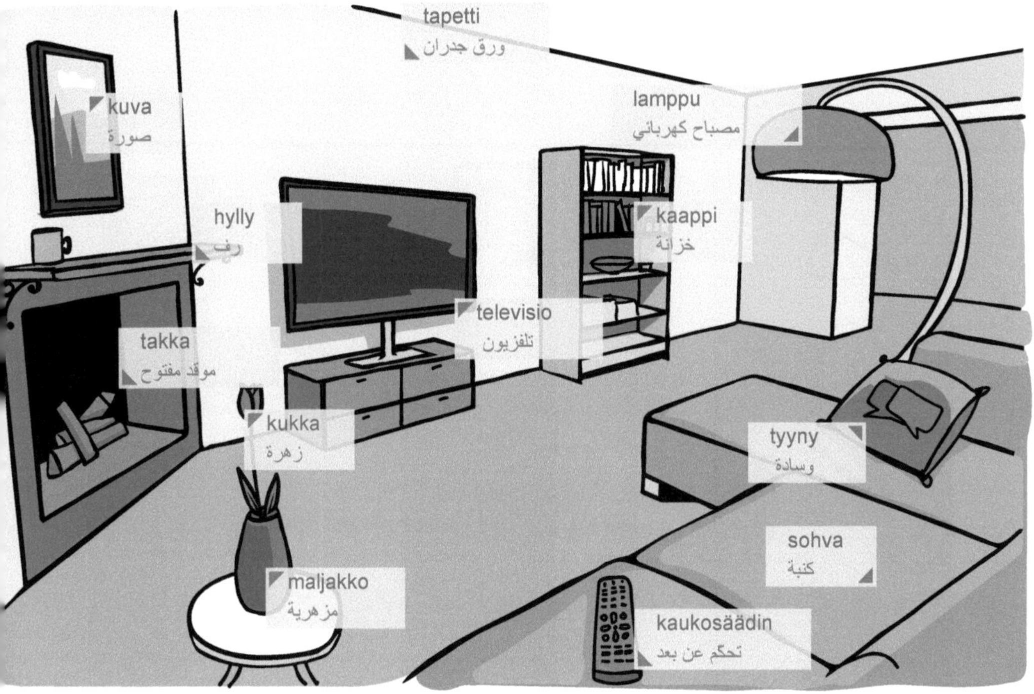

tapetti
ورق جدران
kuva
صورة
lamppu
مصباح كهربائي
hylly
رف
kaappi
خزانة
televisio
تلفزيون
takka
موقد مفتوح
kukka
زهرة
tyyny
وسادة
sohva
كنبة
maljakko
مزهرية
kaukosäädin
تحكم عن بعد

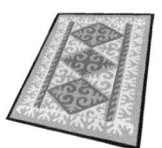

matto
بصاط

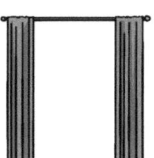

verho
ستارة

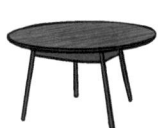

pöytä
طاولة

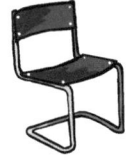

tuoli
كرسي

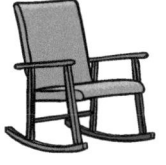

keinutuoli
كرسي هزّاز

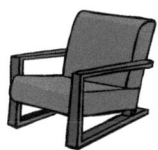

nojatuoli
كرسي ذو ذراعين

kirja

الكتاب

peitto

بطانية

koriste

زخرفة

polttopuut

الحطب

elokuva

فيلم

stereot

تجهيزات ستيريو

avain

مفتاح

sanomalehti

جريدة

maalaus

لوحة مرسومة

juliste

مُلصق

radio

راديو

muistivihko

دفتر ملاحظات

pölynimuri

المكنسة الكهربائية

kaktus

صبّار

kynttilä

شمعة

keittiö
مطبخ

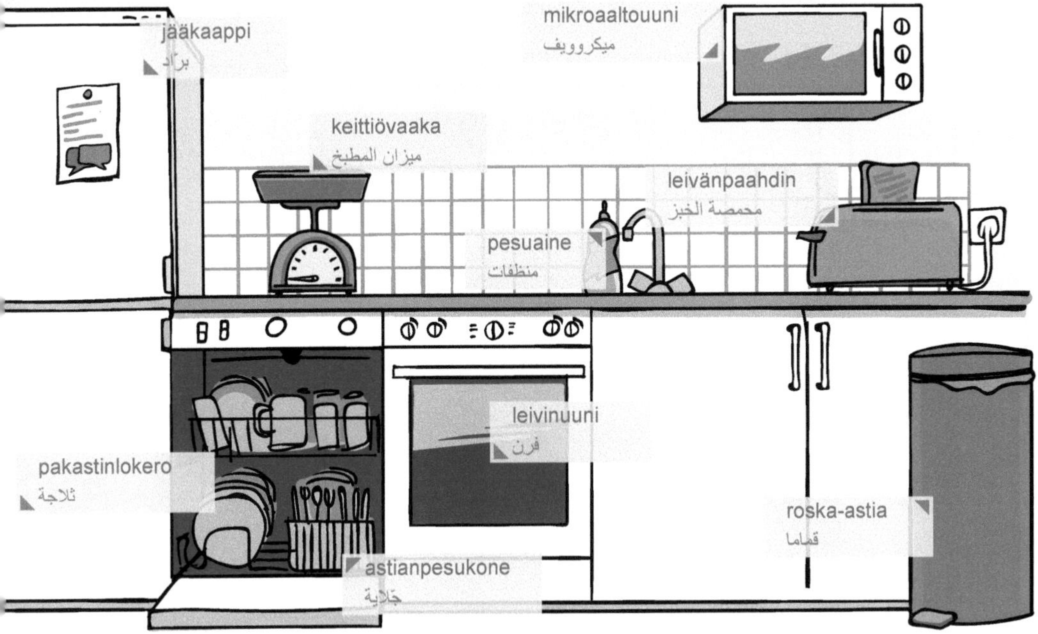
jääkaappi
برّاد
mikroaaltouuni
ميكروويف
keittiövaaka
ميزان المطبخ
leivänpaahdin
محمصة الخبز
pesuaine
منظفات
leivinuuni
فرن
pakastinlokero
ثلاجة
roska-astia
قماما
astianpesukone
جلاية

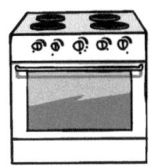

liesi

موقد

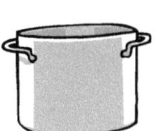

kattila

قِدر

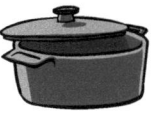

rautapata

وعاء من الحديد

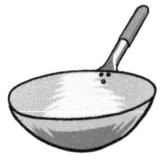

vokkipannu / kadai-pannu

قدر صيني

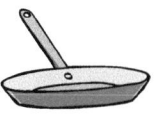

paistinpannu

مقلاة

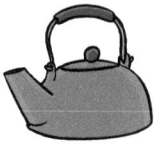

teepannu

غلاية

höyrykeitin

قدر البخار

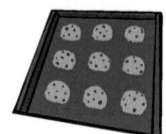

uunipelti

صينية

astiat

أواني

muki

فنجان

kulho

صحن

syömäpuikot

عيدان الأكل

kauha

مغرفة

paistinlasta

ملعقة منبسطة

vispilä

خفاقة

siivilä

مصفاة

siivilä

مصفاة

raastin

مبشرة

mortteli

هاون

grilli

شواء

avotuli

موقد

leikkuulauta

لوح التقطيع

kaulin

نشابة

korkinavaaja

مفتاح الزجاجات

purkki

علبة

purkinavaaja

مفتاح العلب المعدنية

pannulappu

قماش الفرن

lavuaari

مجلى

tiskiharja

فرشاة

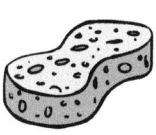

pesusieni

إسفنج

tehosekoitin

خلاط

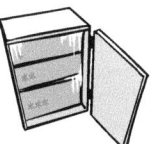

pakastin

مجمّدة

tuttipullo

زجاجة الطفل

vesihana

صنبور الماء

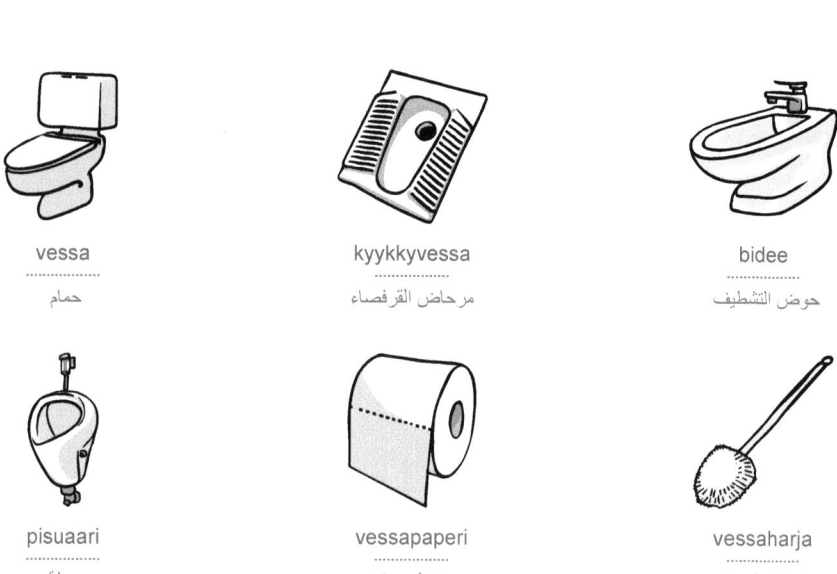

kylpyhuone

الحمّام

suihku
دوش
lämmitys
تدفئة
pyyhe
منشفة
suihkuverho
ستارة الدوش
vaahtokylpy
حمام رغوة
kylpyamme
حوض الحمام
lasi
كأس
pesukone
غسالة
vesihana
صنبور الماء
kaakelit
بلاط
potta
قفازات مطاطية
lavuaari
مجلى

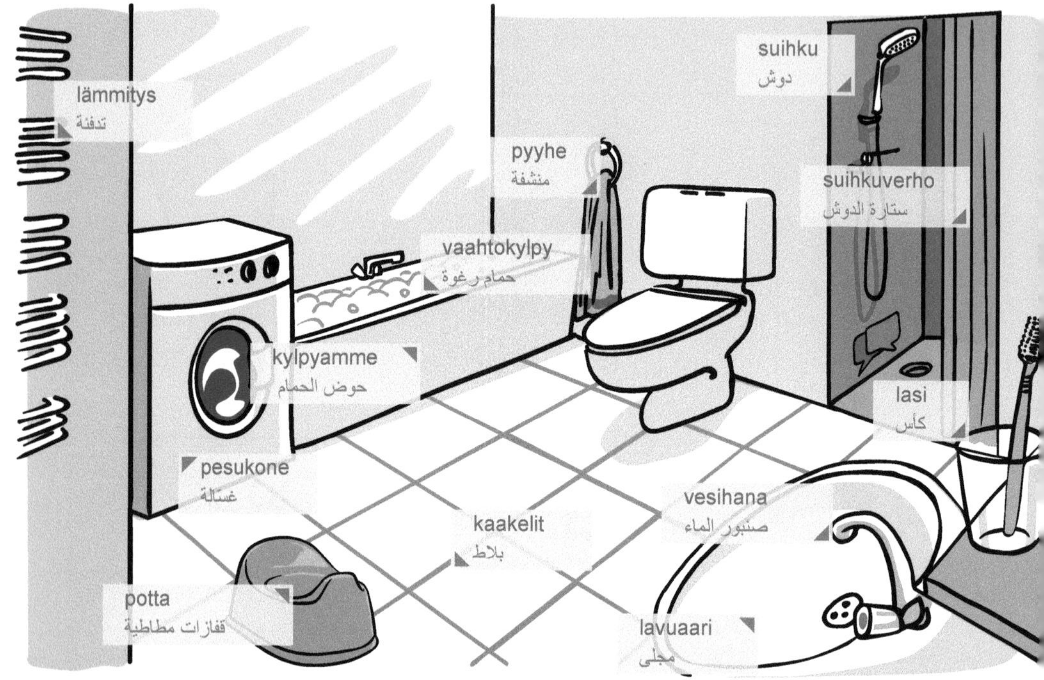

vessa
حمام

kyykkyvessa
مرحاض القرفصاء

bidee
حوض التشطيف

pisuaari
مبولة

vessapaperi
ورق المرحاض

vessaharja
فرشاة الحمام

hammasharja

فرشاة الأسنان

hammastahna

معجون الأسنان

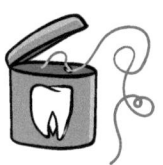

hammaslanka

خيط حرير لتنظيف الأسنان

pestä

يغسل

käsisuihku

رشاش ماء يدوي

intiimisuihku

شطاف

pesuvati

حوض الغسيل

selkäharja

فرشاة الظهر

saippua

صابون

suihkugeeli

جيل الدوش

shampoo

شامبو

pesulappu

ممسحة

viemäri

مصرف للماء

voide

مرهم

deodorantti

مزيل الروائح

peili

مرآة

käsipeili

مرآة يد

partaveitsi

موس حلاقة

partavaahto

رغوة الحلاقة

partavesi

كولونيا

kampa

مشط

harja

فرشاة

hiustenkuivaaja

سشوار

hiuslakka

مثبت للشعر

meikki

ماكياج

huulipuna

روج

kynsilakka

طلاء أظافر

pumpuli

قطن

kynsisakset

مقص أظافر

hajuvesi

عطر

kosmetiikkalaukku

سلة الغسيل

jakkara

مقعد صغير

vaaka

ميزان

kylpytakki

معطف الحمام

kumihansikkaat

قفازات مطاطية

tamponi

سدادة قطنية

terveysside

منشفة صحية

kemiallinen wc

تواليت كيميائية

lastenhuone
غرفة الأطفال

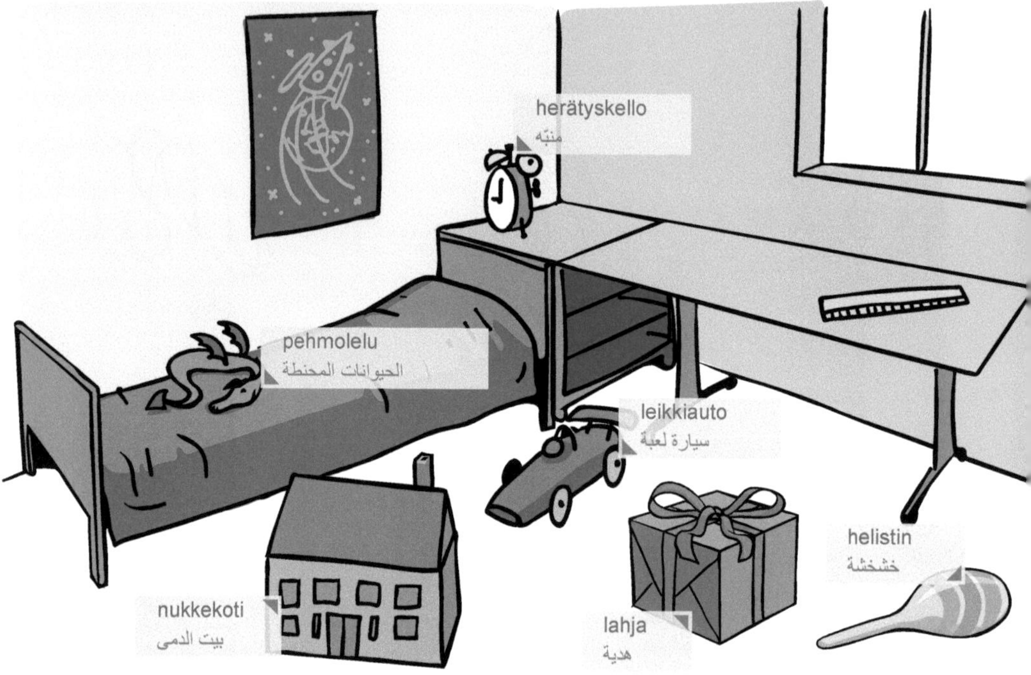
herätyskello
منبّه
pehmolelu
الحيوانات المحنطة
leikkiauto
سيارة لعبة
helistin
خشخشة
nukkekoti
بيت الدمى
lahja
هدية

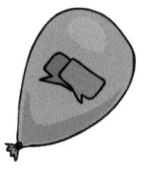

ilmapallo

بالون

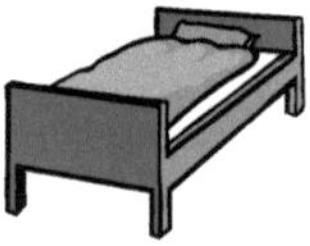

sänky

سرير

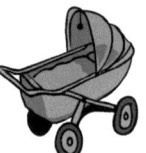

lastenvaunut

عربة الأطفال

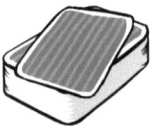

korttipeli

لعبة الورق

palapeli

أحجية

SUPER MEGA

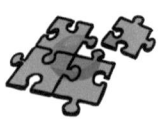

sarjakuva

رسوم هزلية

legopalikat

أحجار الليغو

rakennuspalikat

حجارة تركيب

supersankari

دمية بطل

potkupuku

لباس الطفل

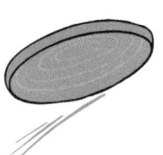

frisbee

فريسبي

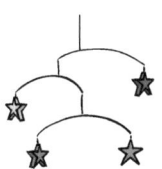

mobile

دمية معلّقة

lautapeli

لعبة الطاولة

noppa

لعبة النرد

pienoisjunarata

لعبة قطار

tutti

مصّاصة

juhlat

حفلة

kuvakirja

كتاب مصوّر

pallo

كرة

nukke

دمية

leikkiä

يلعب

hiekkalaatikko

ملعب رملي للأطفال

keinu

أرجوحة

lelut

لعبة

pelikonsoli

ألعاب فيديو

kolmipyörä

دراجة ثلاثية

nalle

دمية على شكل الدب

vaatekaappi

خزانة الثياب

vaatteet

ثياب

sukat

جوارب قصيرة

nylonsukat

جوارب طويلة

sukkahousut

جورب بنطلون

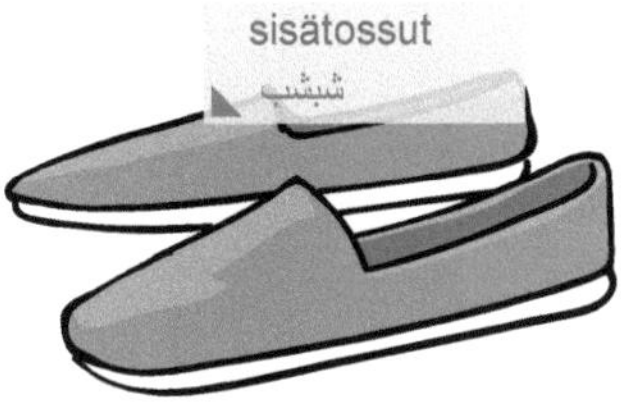

kaulaliina
شال

sateenvarjo
شمسية

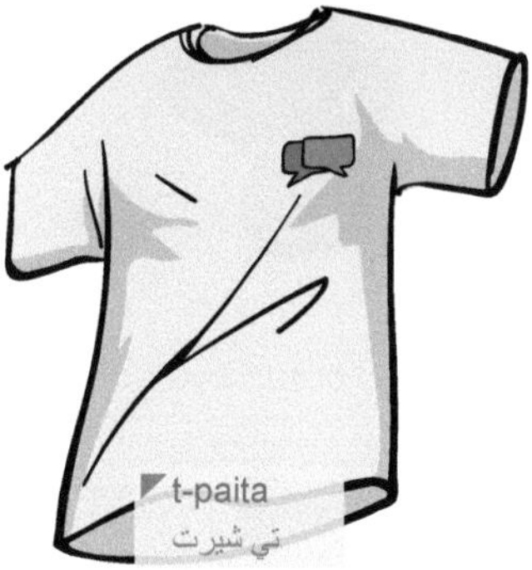

t-paita
تي شيرت

vyö
حزام

saappaat
حذاء شتوي

sisätossut
شبشب

lenkkarit
أحذية رياضية

sandaalit

....

صندل

kengät

....

حذاء

kumisaappaat

....

جزمة كاوتشوك

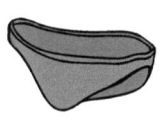

alushousut

....

سروال داخلي

rintaliivit

....

صدارة

aluspaita

....

قميص داخلي

body

لباس ملاصق للجسم

housut

بنطلون

farkut

جينز

hame

تنورة

pusero

بلوزة

paita

قميص

villapaita

سترة قطنية

collegepaita

كنزة كم طويل

jakku

سترة فضفاضة

takki

سترة

takki

معطف

sadetakki

معطف مطري

puku

زي - طقم نسائي

mekko

ثوب

hääpuku

ثوب الزفاف

puku

طقم

yöpaita

قميص نوم

pyjama

بيجاما

shari

ساري

päähuivi

حجاب

turbaani

عمامة

burka

برقع

kaftaani

قفطان

abaya

عباءة

uimapuku

مايوه

uimahousut

سروال سباحة

shortsit

شورت

verkkarit

بدلة رياضية

esiliina

مئزر

käsineet

قفازات

nappi

زر

silmälasit

نظارة

rannekoru

إسوارة

kaulakoru

عقد

sormus

خاتم

korvakoru

قرط

lippalakki

طاقية

ripustin

علاقة ثياب

hattu

قبعة

solmio

ربطة العنق

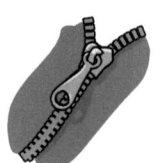

vetoketju

سحّاب

kypärä

خوذة

henkselit

حمّالة البنطلون

koulupuku

اللباس المدرسي

univormu

زي موحّد

ruokalappu

مريلة الأطفال

tutti

مصّاصة

vaippa

لفافة

toimisto

مكتب

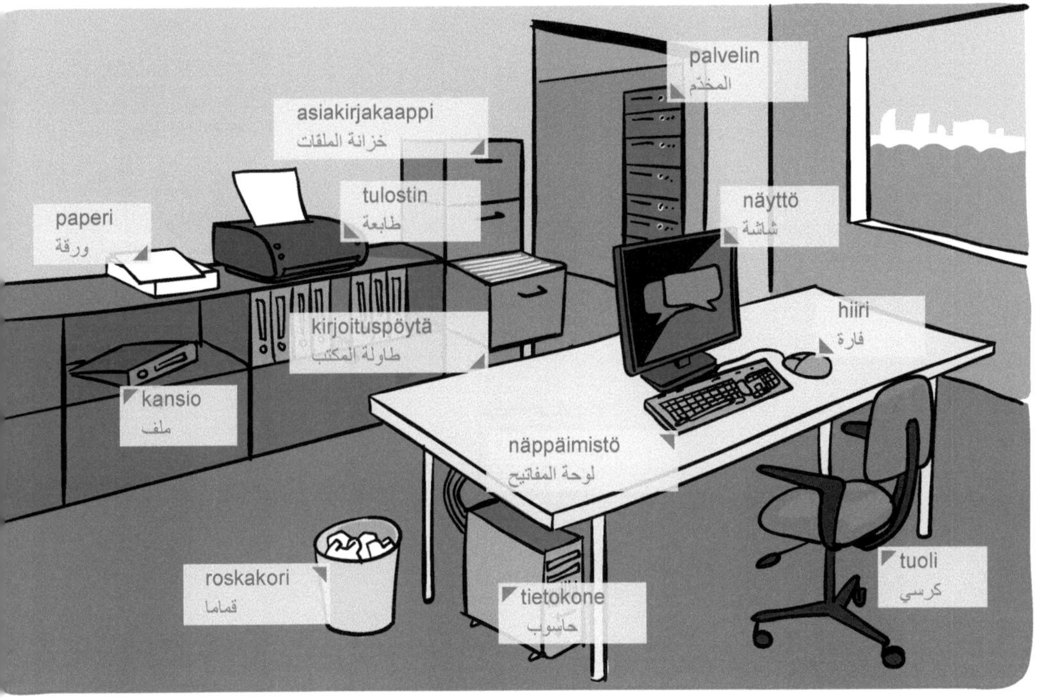

palvelin
المخدم

asiakirjakaappi
خزانة الملقات

tulostin
طابعة

näyttö
شاشة

paperi
ورقة

hiiri
فارة

kirjoituspöytä
طاولة المكتب

kansio
ملف

näppäimistö
لوحة المفاتيح

tuoli
كرسي

roskakori
قماما

tietokone
حاسوب

kahvimuki

كأس من القهوة

taskulaskin

الآلة الحاسبة

internet

الإنترنت

kannettava tietokone

الحاسوب المحمول

kirje

رسالة

viesti

خبر

kännykkä

الهاتف المحمول

verkko

شبكة

kopiokone

جهاز تصوير

ohjelmisto

البرمجيات

puhelin

هاتف

pistorasia

مقبس كهرباني

faksi

فاكس

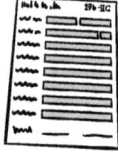

lomake

استمارة

asiakirja

وثيقة

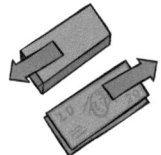

ostaa

يشتري

maksaa

يدفع

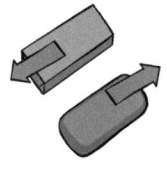

vaihtaa

يتاجر

raha

مال

dollari

دولار

euro

يورو

jeni

ين

rupla

روبل

frangi

فرنك سويسري

renminbi juan

يوان

rupia

روبية

pankkiautomaatti

صرّاف آلي

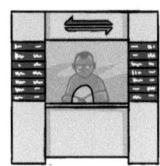

rahanvaihto

مكتب صرافة

kulta

ذهب

hopea

فضة

öljy

نفط

energia

طاقة

hinta

سعر

sopimus

عقد

vero

ضريبة

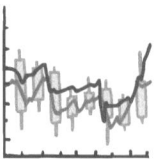

osake

سهم

työskennellä

يعمل

työntekijä

موظف

työnantaja

رب العمل

tehdas

مصنع

liike

متجر

ammatit
المِهَن

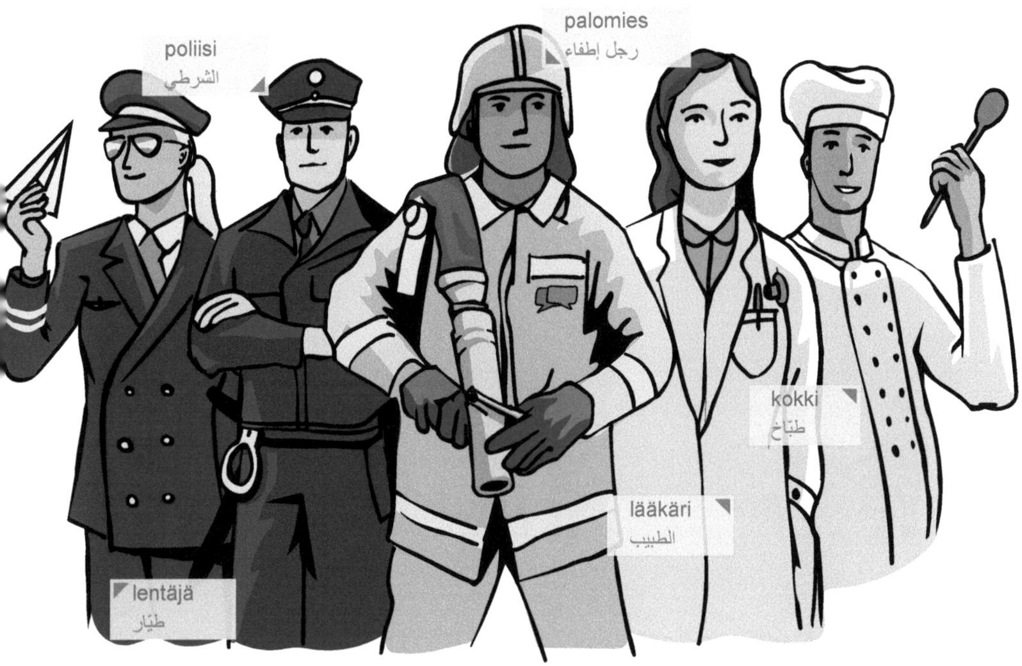

poliisi
الشرطي
palomies
رجل إطفاء
kokki
طبّاخ
lääkäri
الطبيب
lentäjä
طيّار

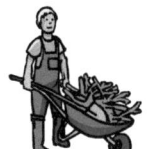

puutarhuri

بستاني

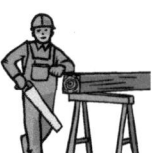

puuseppä

نجّار

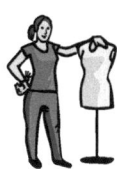

ompelija

خيّاطة

tuomari

قاض

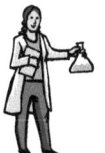

kemisti

كيميائي

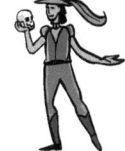

näyttelijä

ممثل

linja-autonkuljettaja

سائق حافلة

taksinkuljettaja

سائق تاكسي

kalastaja

صياد سمك

siivooja

أجيرة للتنظيف

katontekijä

بنّاء سقف

tarjoilija

نادل

metsästäjä

صيّاد

maalari

رسّام

leipuri

خبّاز

sähköasentaja

كهربائي

rakentaja

عامل بناء

insinööri

مهندس

teurastaja

لحّام

putkiasentaja

سمكري

postinjakaja

ساعي البريد

sotilas

جندي

arkkitehti

مهندس معماري

kassanhoitaja

أمين صندوق

floristi

بائع الزهور

kampaaja

حلاق

konduktööri

مراقب القطار

mekaanikko

ميكانيكي

kapteeni

قبطان

hammaslääkäri

طبيب أسنان

tiedemies

رجل العلم

rabbi

حاخام

imaami

إمام

munkki

راهب

pappi

كاهن

työkalut
عدة عمل

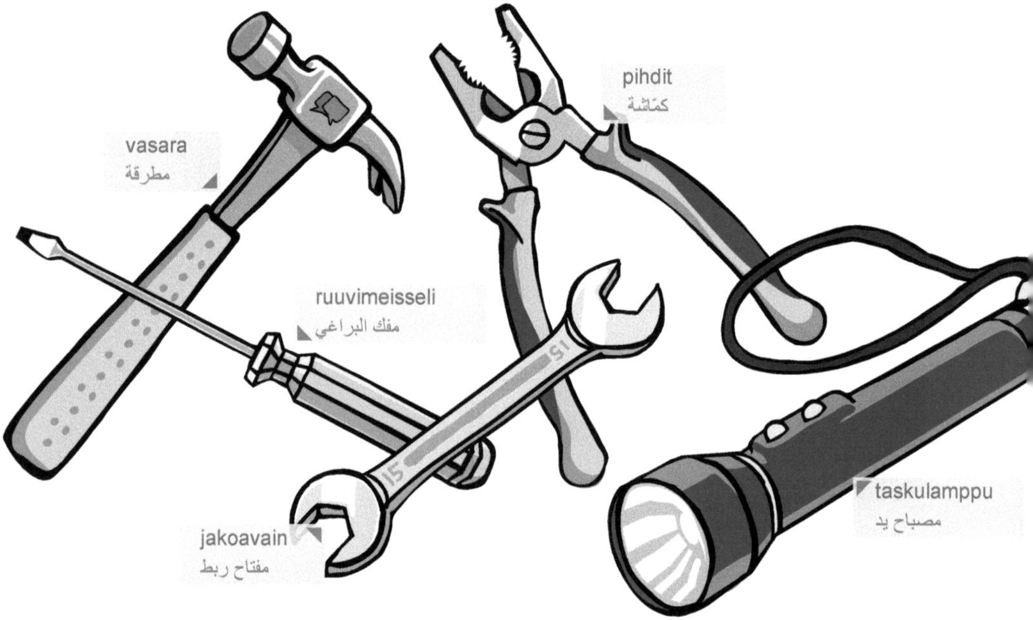
pihdit
كمّاشة
vasara
مطرقة
ruuvimeisseli
مفك البراغي
jakoavain
مفتاح ربط
taskulamppu
مصباح يد

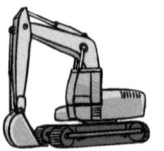

kaivinkone

جرافة

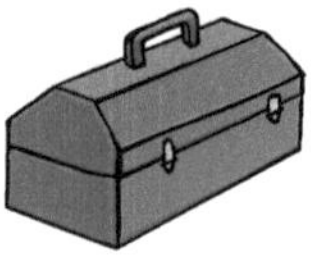

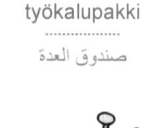

työkalupakki

صندوق العدة

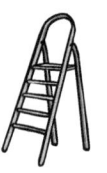

tikkaat

سلّم

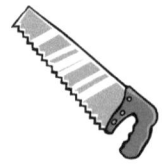

saha

منشار

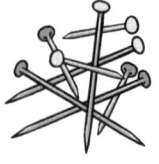

naulat

مسامير

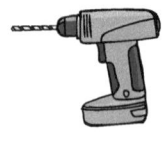

pora

مثقب

korjata

يصلح

lapio

مجرفة

Hitto!

اللعنة

rikkalapio

لقاطة الكناسة

maalipurkki

سطل الألوان

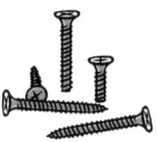

ruuvit

براغي

soittimet

آلات موسيقية

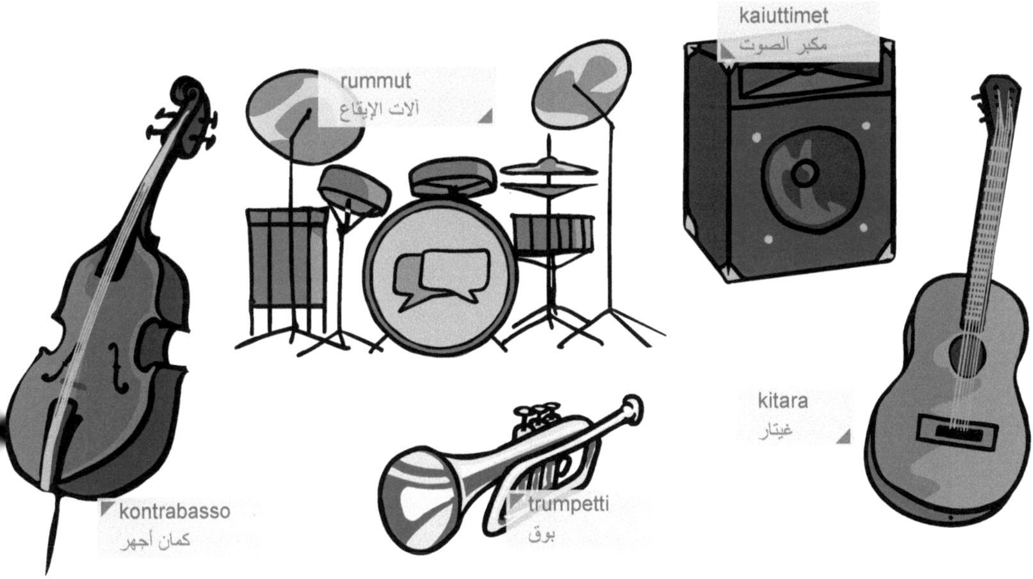

kaiuttimet
مكبر الصوت

rummut
آلات الإيقاع

kitara
غيتار

kontrabasso
كمان أجهر

trumpetti
بوق

piano

بيانو

viulu

كمنجة

basso

جهير

patarummut

طبل كبير

rumpu

طبل

kosketinsoitin

بيانو كهربائي

saksofoni

ساكسوفون

huilu

ناي

mikrofoni

ميكروفون

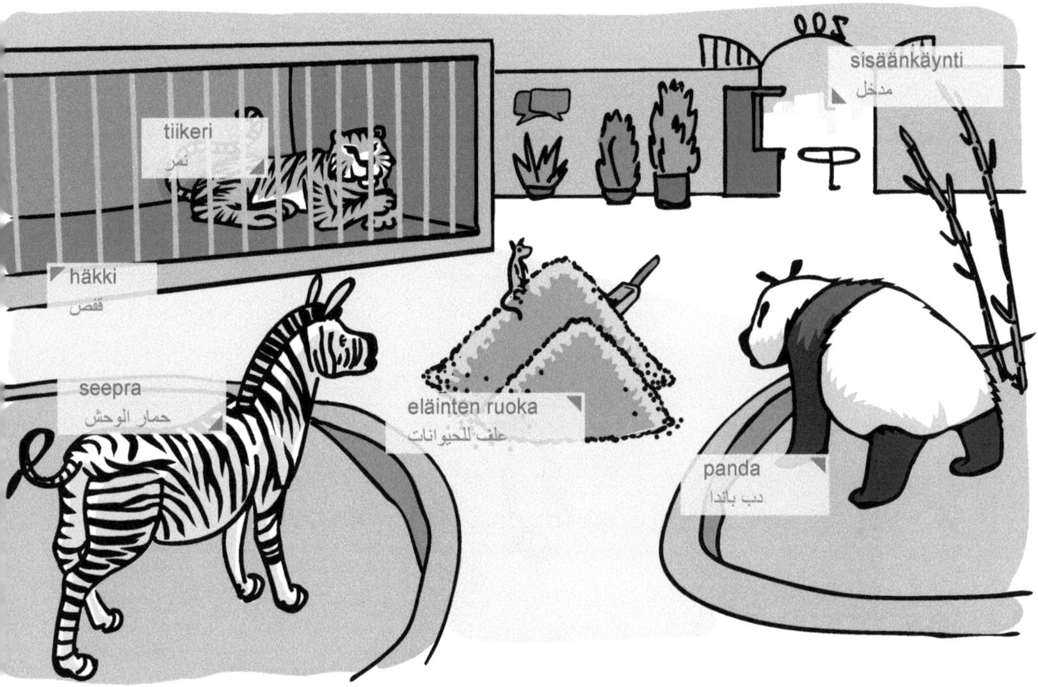

sisäänkäynti مدخل

tiikeri نمر

häkki قفص

seepra حمار الوحش

eläinten ruoka علف للحيوانات

panda دب باندا

eläimet

حيوانات

norsu

فيل

kenguru

كنغر

sarvikuono

وحيد القرن

gorilla

غوريلا

karhu

دب

kameli

جمل

strutsi

نعامة

leijona

أسد

apina

قرد

flamingo

طائر فلامينغو

papukaija

ببغاء

jääkarhu

دب قطبي

pingviini

بطريق

hai

سمك القرش

riikinkukko

طاووس

käärme

أفعى

krokotiili

تمساح

eläintarhanhoitaja

حارس في حديقة الحيوان

hylje

عجل البحر

jaguaari

نمر أمريكي مرقط

poni

فرس قزم

leopardi

نمر

virtahepo

فرس النهر

kirahvi

زرافة

kotka

نسر

villisika

خنزير برّي

kala

سمك

kilpikonna

سلحفاة

mursu

حيوان فظ البحري

kettu

ثعلب

gaselli

غزال

amerikkalainen jalkapallo
كرة القدم الأمريكية

pyöräily
ركوب الدراجات

tennis
كرة التنس

koripallo
كرة السلة

uinti
السباحة

nyrkkeily
الملاكمة

jääkiekko
هوكي الجليد

jalkapallo

كرة القدم

sulkapallo

الريشة الطائرة

yleisurheilu

ألعاب القوى الخفيفة

käsipallo

كرة اليد

hiihto

التزلج على الثلج

poolo

بولو

aktiviteetit

نشاطات

nauraa
يضحك
hypätä
يقفز
halata
يعانق
kävellä
يمشي
laulaa
يغنّي
unelmoida
يحلم
rukoilla
يصلّي
suudella
يقبل

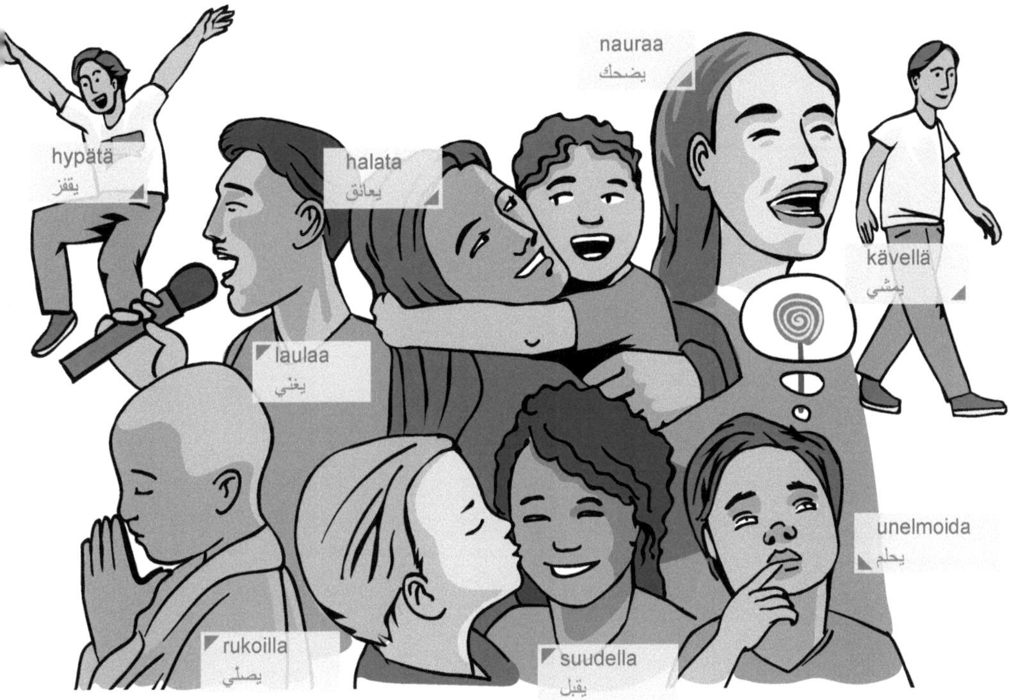

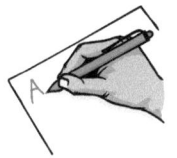

kirjoittaa

يكتب

piirtää

يرسم

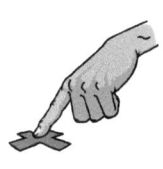

näyttää

يُري

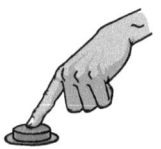

painaa

يدفع

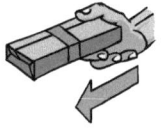

antaa

يعطي

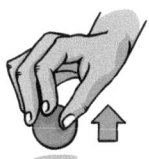

ottaa

يأخذ

omistaa

يملك

tehdä

يعمل

olla

يوجد

seisoa

يقف

juosta

يركض

vetää

يسحب

heittää

يرمي

kaatua

يقع

maata

يستلقي

odottaa

ينتظر

kantaa

يحمل

istua

يجلس

pukeutua

يلبس

nukkua

ينام

herätä

يستيقظ

katsoa

ينظر إلى ..

itkeä

يبكي

silittää

يمسّد

kammata

يمشّط

puhua

يتكلم

ymmärtää

يفهم

kysyä

يسأل

kuunnella

يسمع

juoda

يشرب

syödä

يأكل

siivota

يرتب

rakastaa

يحب

keittää

يطبخ

ajaa

يقود

lentää

يطيّر

purjehtia

يبحر بزورق شراعي

laskea

يحسب

lukea

يقرأ

oppia

يتَعلم

työskennellä

يعمل

mennä naimisiin

يتَزوج

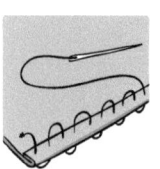

ommella

يخيط

pestä hampaat

ينظف أسنانه

tappaa

يقتل

tupakoida

يدخَن

lähettää

يرسل

perhe
عائلة

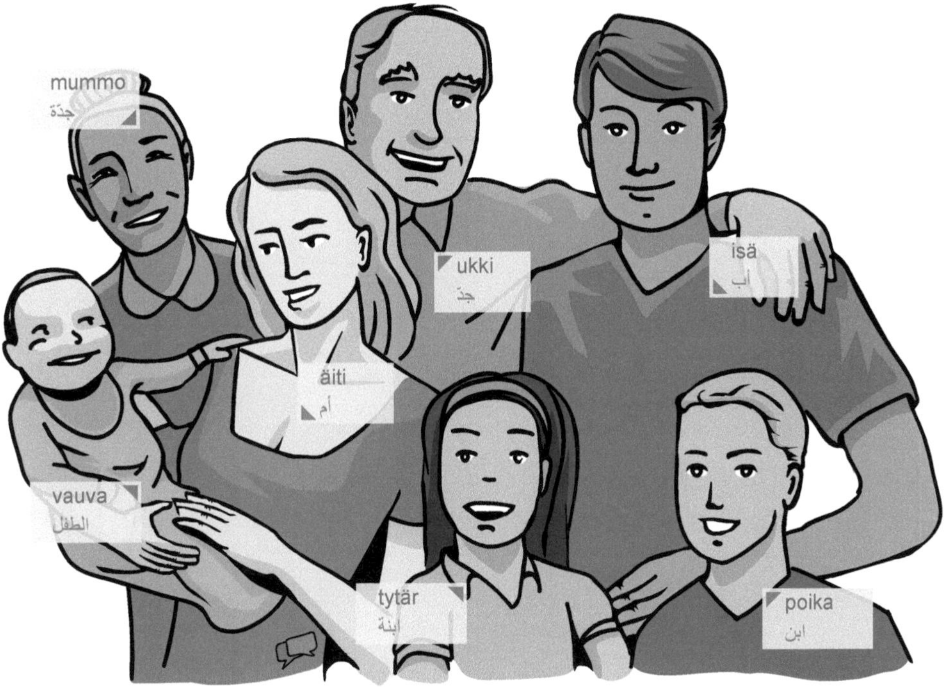
mummo
جدّة
ukki
جدّ
isä
أب
äiti
أم
vauva
الطفل
tytär
ابنة
poika
ابن

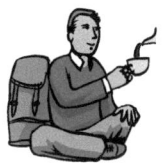

vieras
ضيف

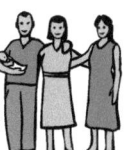

täti
عمّة / خالة

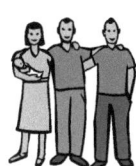

setä
عمّ / خال

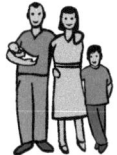

veli
أخ

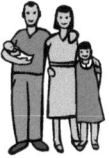

sisko
أخت

vartalo

الجسم

otsa
الجبين
silmä
العين
olkapää
الكتف
sormet
الإصبع
kasvot
الوجه
leuka
الذقن
käsi
اليد
jalka
الساق
rinta
الصدر
käsivarsi
الذراع

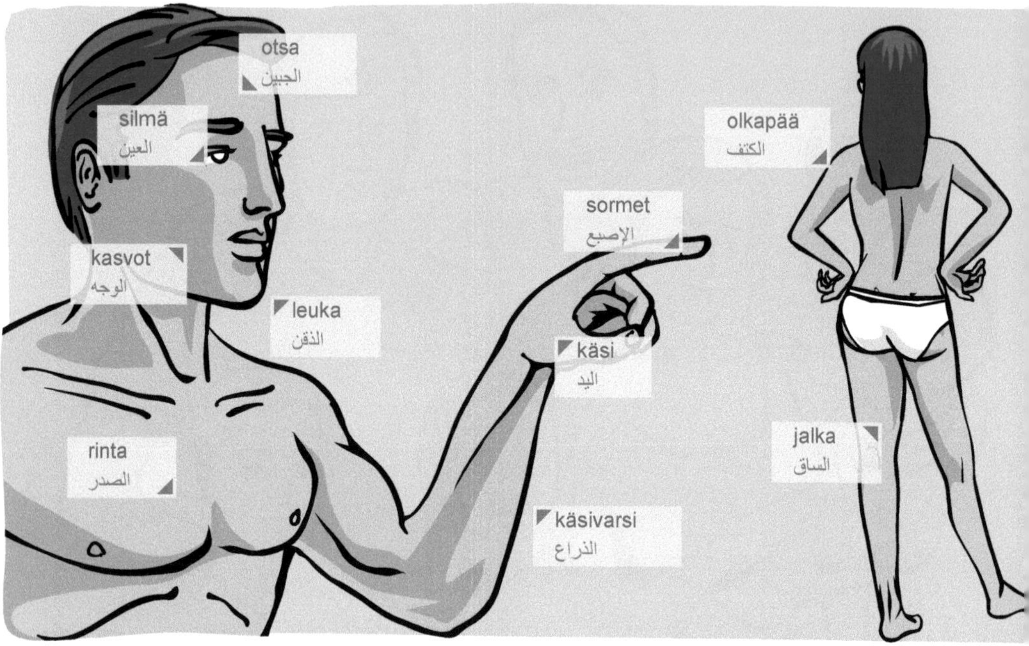

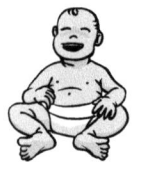

vauva
الطفل

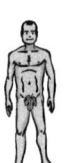

mies
الرجل

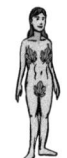

nainen
المرأة

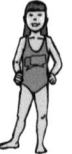

tyttö
البنت

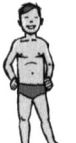

poika
الولد

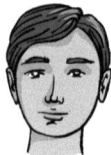

pää
الرأس

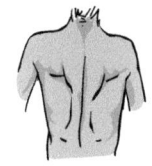

selkä

الظهر

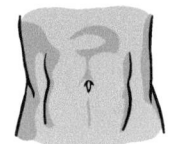

maha

البطن

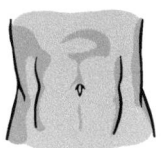

napa

السرّة

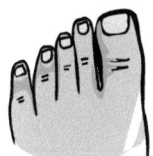

varvas

إصبع القدم

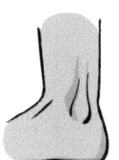

kantapää

الكعب

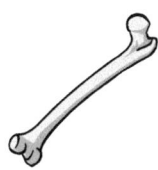

luu

العظم

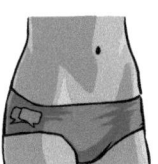

lantio

الورك

polvi

الركبة

kyynärpää

المرفق

nenä

الأنف

takapuoli

العَجُز

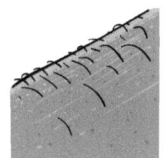

iho

البشرة

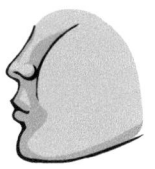

poski

الخد

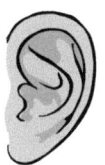

korva

الأذن

huuli

الشفة

suu

الفم

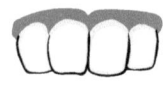

hammas

السن

kieli

اللسان

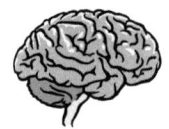

aivot

الدماغ

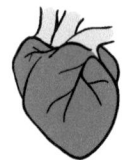

sydän

القلب

lihas

العضلة

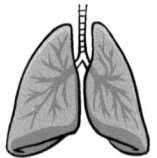

keuhkot

الرئة

maksa

الكبد

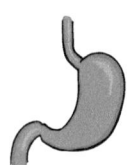

vatsa

المعدة

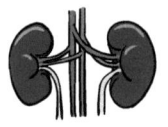

munuaiset

الكلى

seksi

الاتصال الجنسي

kondomi

الواقي المطاطي

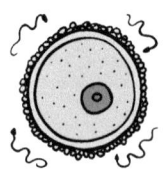

munasolu

البويضة

sperma

المنيّ

raskaus

الحمل

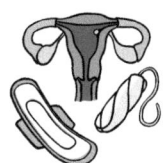

kuukautiset

الحيض

vagina

المهبل

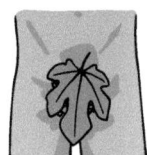

penis

القضيب

kulmakarvat

الحاجب

hiukset

الشعر

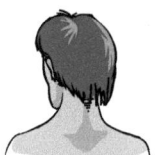

niska

الرقبة

sairaala
المستشفى

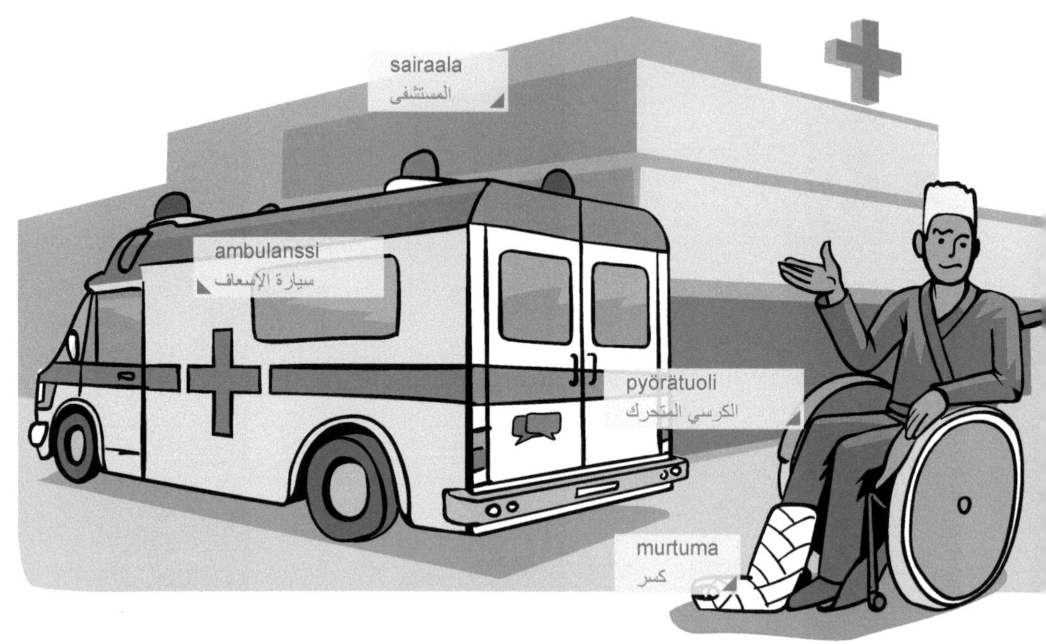

sairaala
المستشفى
ambulanssi
سيارة الإسعاف
pyörätuoli
الكرسي المتحرك
murtuma
كسر

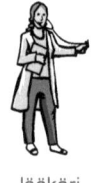

lääkäri

الطبيب

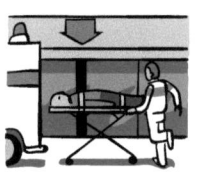

ensiapu

غرفة الإسعاف

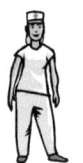

sairaanhoitaja

الممرضة

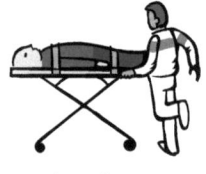

hätätilanne

حالة

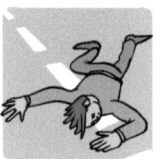

tajuton

مغمى عليه

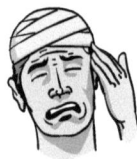

kipu

الألم

vamma

إصابة

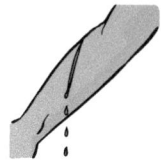

verenvuoto

النزيف

sydänkohtaus

احتشاء القلب

aivoinfarkti

جلطة

allergia

حسسية

yskä

السعال

kuume

الحُمّى

flunssa

إنفلونزا

ripuli

الإسهال

päänsärky

وجع الرأس

syöpä

السرطان

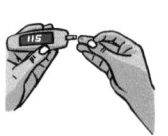

diabetes

مرض السكر

kirurgi

جرّاح

veitsi

مبضع

leikkaus

عملية

ct

سيتي سكان

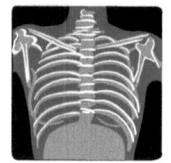

röntgen

الأشعة السينية

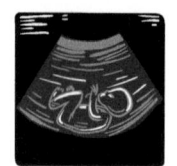

ultraääni

فوق الصوتي

maski

القناع

sairaus

المرض

odotushuone

غرفة الانتظار

sauva

العُكاز

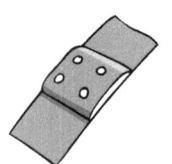

laastari

شريط لاصق

side

ضماد

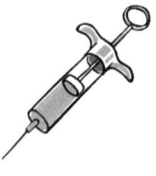

pistos

حقنة

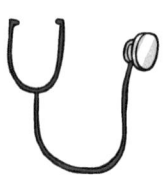

stetoskooppi

سمّاعة الطبيب

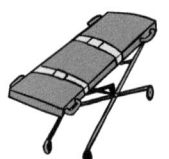

paarit

نقالة

kuumemittari

ميزان حرارة

syntymä

ولادة

ylipaino

وزن زائد

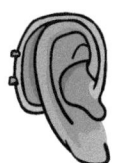

kuulolaite

جهاز السمع

desinfiointiaine

المواد المعقمة

infektio

عدوى

virus

فيروس

HIV / AIDS

الإيدز

lääke

الطب

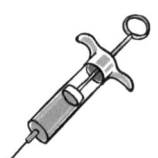

rokotus

اللقاح

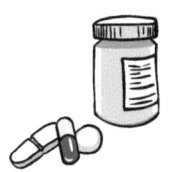

tabletit

أقراص الدواء

pilleri

حبّة الدواء

hätäpuhelu

نداء النجدة

verenpainemittari

مقياس ضغط الدم

sairas / terve

مريض / صحيح

Apua!

النجدة!

hälytys

إنذار

ryöstö

اعتداء

hyökkäys

هجوم

vaara

خطر

hätäuloskäynti

مخرج طوارئ

Tulipalo!

حريق!

palosammutin

جهاز الإطفاء

onnettomuus

حادث

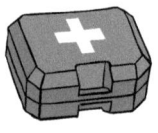

ensiapulaukku

حقيبة الإسعاف الأولي

SOS

أنقذونا

poliisilaitos

الشرطة

Eurooppa

أوروبا

Pohjois-Amerikka

أمريكا الشمالية

Etelä-Amerikka

أمريكا الجنوبية

Afrikka

أفريقيا

Aasia

آسيا

Australia

أستراليا

Atlantin valtameri

المحيط الأطلسي

Tyynimeri

المحيط الهادي

Intian valtameri

المحيط الهندي

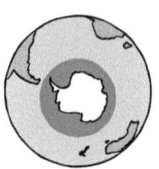

Eteläinen jäämeri

المحيط المتجمد الجنوبي

Pohjoinen jäämeri

المحيط المتجمد الشمالي

pohjoisnapa

القطب الشمالي

etelänapa

القطب الجنوبي

Antarktis

منطقة القطب الجنوبي

maa

أرض

maa

بر

meri

بحر

saari

جزيرة

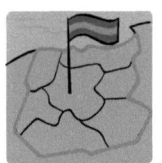

kansa

أمة

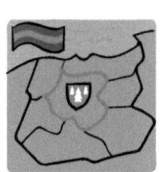

osavaltio

دولة

kellotaulu

ميناء الساعة

tuntiviisari

عقرب الساعات

minuuttiviisari

عقرب الدقائق

sekuntiviisari

عقرب الثواني

Paljonko kello on?

كم الساعة الآن؟

päivä

يوم

aika

زمن

nyt

الآن

digitaalikello

ساعة رقمية

minuutti

دقيقة

tunti

ساعة

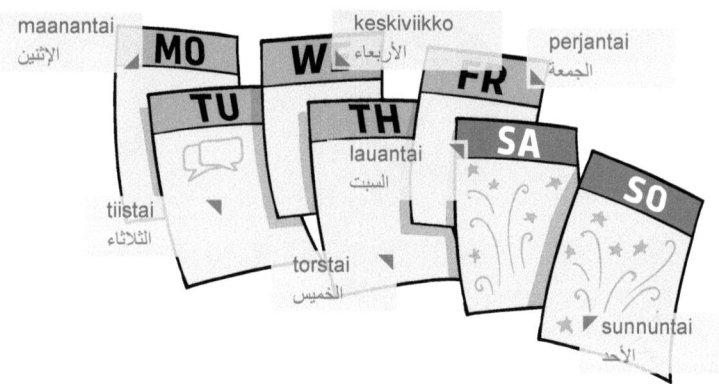

maanantai
الإثنين

keskiviikko
الأربعاء

perjantai
الجمعة

lauantai
السبت

tiistai
الثلاثاء

torstai
الخميس

sunnuntai
الأحد

eilen

الأمس

tänään

اليوم

huomenna

غداً

aamu

الصباح

keskipäivä

الظهر

ilta

المساء

työpäivät

أيام العمل

viikonloppu

نهاية الأسبوع

vuosi
سنة

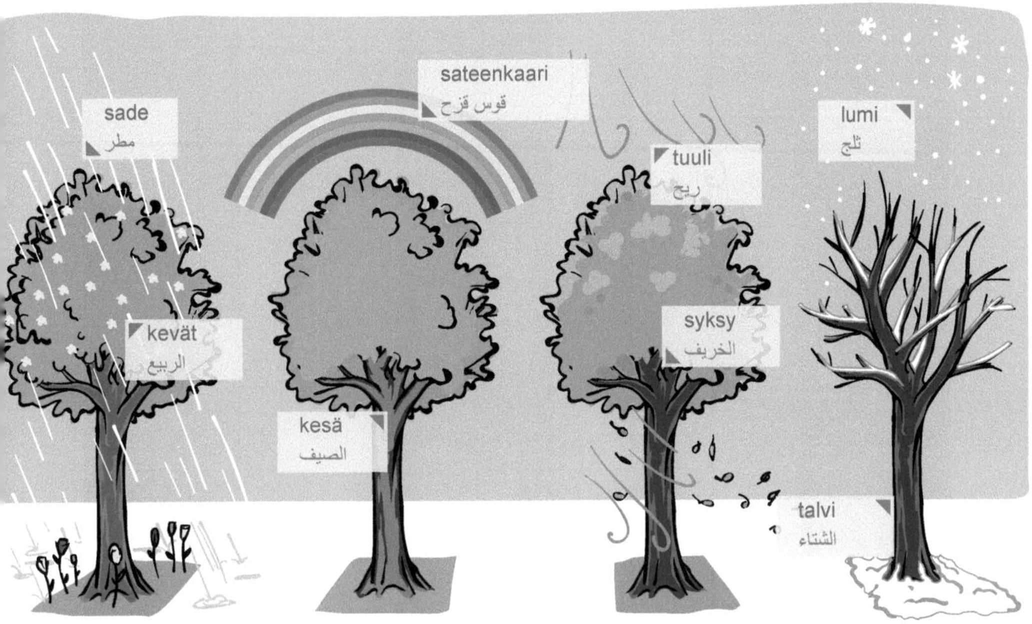

sateenkaari
قوس قزح
sade
مطر
lumi
ثلج
tuuli
ريح
kevät
الربيع
syksy
الخريف
kesä
الصيف
talvi
الشتاء

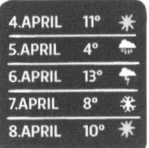

4.APRIL 11°
5.APRIL 4°
6.APRIL 13°
7.APRIL 8°
8.APRIL 10°

säänennuste
....
التنبّؤ بالحالة الجوية

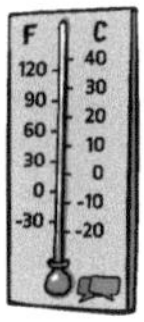

F
C
120
90
60
30
0
-30
40
30
20
10
0
-10
-20

lämpömittari
....
مقياس حرارة

auringonpaiste
....
ضوء الشمس

pilvi
....
سحابة

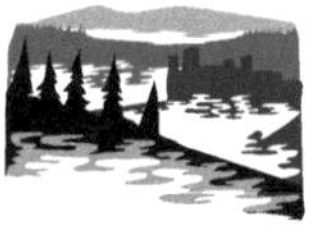

sumu
....
ضباب

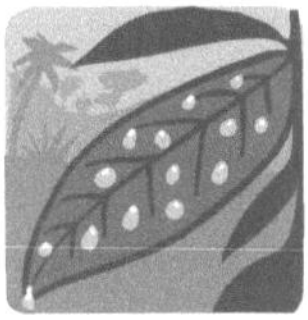

ilmankosteus
....
رطوبة الجو

salama

برق

ukkonen

رعد

myrsky

عاصفة

rae

بَرَد

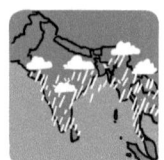

monsuuni

ريح موسمية

tulva

طوفان

jää

جليد

tammikuu

كانون الثاني / يناير

helmikuu

شباط / فبراير

maaliskuu

آذار / مارس

huhtikuu

نيسان / أبريل

toukokuu

أيار / مايو

kesäkuu

حزيران / يونيو

heinäkuu

تَموز / يوليو

elokuu

أب / أغسطس

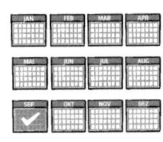

syyskuu
....
أيلول / سبتمبر

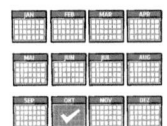

lokakuu
....
تشرين الأول / أكتوبر

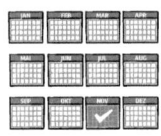

marraskuu
....
تشرين الثاني / نوفمبر

joulukuu
....
كانون الأول / ديسمبر

muodot

أشكال

ympyrä
....
دائرة

neliö
....
مربّع

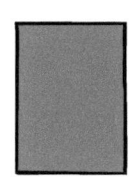

suorakulmio
....
مستطيل

kolmio
....
مثلث

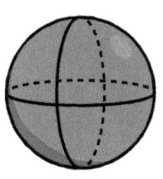

pallo
....
كرة

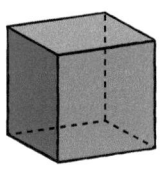

kuutio
....
مكعب

valkoinen

أبيض

keltainen

أصفر

oranssi

برتقالي

vaaleanpunainen

وردي

punainen

أحمر

violetti

بنفسجي

sininen

أزرق

vihreä

أخضر

ruskea

بني

harmaa

رمادي

musta

أسود

paljon / vähän
كثير / قليل

vihainen / ystävällinen
غضبان / هادئ

kaunis / ruma
جميل / قبيح

alku / loppu
بداية / نهاية

suuri / pieni
كبير / صغير

vaalea / tumma
فاتح / قاتم

veli / sisko
أخ / أخت

puhdas / likainen
نظيف / وسخ

täydellinen / epätäydellinen
كامل / ناقص

päivä / yö
نهار / ليل

kuollut / elävä
ميت / حيّ

leveä / kapea
عريض / ضيق

syötävä / syömäkelvoton

صالح للأكل / غير صالح

paha / kiltti

شرّير / لطيف

innostunut / tylsistynyt

مثير / ممل

lihava / laiha

سمين / نحيف

ensimmäinen / viimeinen

أولاً / أخيراً

ystävä / vihollinen

صديق / عدو

täysi / tyhjä

مليء / فارغ

kova / pehmeä

صلب / لين

painava / kevyt

ثقيل / خفيف

nälkä / jano

جوع / عطش

sairas / terve

مريض / صحيح

laiton / laillinen

غير شرعي / شرعي

älykäs / tyhmä

ذكي / غبي

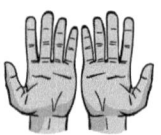

vasen / oikea

يسار / يمين

lähellä / kaukana

قَريب / بعيد

uusi / käytetty

....

جديد / مستعمل

ei mitään / jotain

....

لا شيء / بعض الشيء

vanha / nuori

....

مسين / شاب

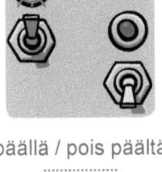

päällä / pois päältä

....

يشعل / يطفئ

auki / kiinni

....

مفتوح / مغلق

hiljainen / äänekäs

....

خافت / عالٍ

rikas / köyhä

....

غني / فقير

oikein / väärin

....

صح / خطأ

karhea / sileä

....

أحرش / املس

surullinen / iloinen

....

حزين / سعيد

lyhyt / pitkä

....

قصير / طويل

hidas / nopea

....

بطيء / سريع

märkä / kuiva

....

مبلول / جاف

lämmin / viileä

....

ساخن / بارد

sota / rauha

....

حرب / سلم

0	1	2
nolla	yksi	kaksi
صفر	واحد	اثنان

3	4	5
kolme	neljä	viisi
ثلاثة	أربعة	خمسة

6	7	8
kuusi	seitsemän	kahdeksan
ستة	سبعة	ثمانية

9	10	11
yhdeksän	kymmenen	yksitoista
تسعة	عشرة	أحد عشر

12

kaksitoista

اثنا عشر

13

kolmetoista

ثلاثة عشر

14

neljätoista

أربعة عشر

15

viisitoista

خمسة عشر

16

kuusitoista

ستة عشر

17

seitsemäntoista

سبعة عشر

18

kahdeksantoista

ثمانية عشر

19

yhdeksäntoista

تسعة عشر

20

kaksikymmentä

عشرون

100

sata

مائة

1.000

tuhat

ألف

1.000.000

miljoona

مليون

englanti

الإنكليزية

amerikanenglanti

الإنكليزية الأمريكية

mandariinikiina

لغة ماندارين الصينية

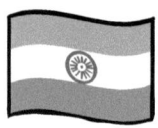

hindi

الهندية

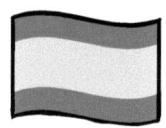

espanja

الإسبانية

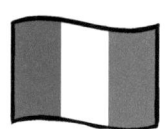

ranska

الفرنسية

arabia

العربية

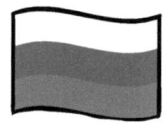

venäjä

الروسية

portugali

البرتغالية

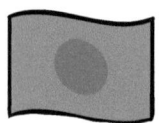

bengali

البنغالية

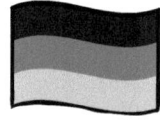

saksa

الألمانية

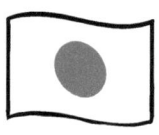

japani

اليابانية

minä

أنا

sinä

أنت

hän

هو / هي

me

نحن

te

أنتم

he

هم

kuka?

من؟

mitä / mikä?

ماذا؟

miten?

كيِف؟

missä?

أين؟

milloin?

متى؟

nimi

اسم

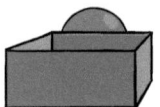

takana

خلف

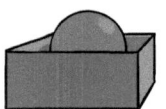

sisällä

في

edessä

أمام

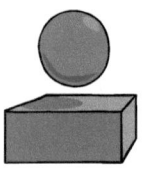

yläpuolella

فوق

päällä

على

alapuolella

تحت

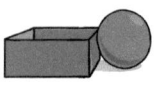

vieressä

جنب

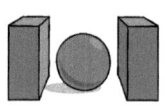

välissä

بين

paikka

مكان